Frank Willy Mangotho

Sur les pas du Seigneur

Frank Willy Mangotho

Sur les pas du Seigneur

Éditions Croix du Salut

Imprint

Cover image: www.ingimage.com

Publisher:
Éditions Croix du Salut
is a trademark of
Dodo Books Indian Ocean Ltd. and OmniScriptum S.R.L publishing group

120 High Road, East Finchley, London, N2 9ED, United Kingdom
Str. Armeneasca 28/1, office 1, Chisinau MD-2012, Republic of Moldova, Europe
Printed at: see last page
ISBN: 978-620-3-84580-8

Sur les pas du Seigneur

Sur les pas du Seigneur ;
Le chrétien marche ;
En suivant dignement son chemin ;

Le Seigneur, bible à la main ;
Le guide vers la terre promise ;
Où règnent paix et fraternité ;

Sur les pas du Seigneur ;
Le chrétien qui a pris l'exemple du Christ ;
Veut comme lui, porter sa croix ;

Le Seigneur tout puissant ;
Eclaire par son visage rayonnant ;
Le long chemin menant vers la terre promise ;

Le chrétien qui a pris l'exemple du Christ ;
Le suit dignement vers la terre promise ;
Lieu où règnent éternellement paix et fraternité.

La cloche

C'est l'heure de la prière ;
La cloche a sonné ;
Le chrétien marche vers l'église ;
Où l'évangile est dit.

Bible à la main ;
Le chrétien s'est agenouillé ;
En prononçant une prière.

Il implore la clémence divine ;
Pour mériter la vie éternelle.

Dans sa posture pieuse ;
Le chrétien qui persévère dans sa quête ;
Récite une litanie ;
Qui monte vers le ciel comme une flamme.

Et, selon ses actions ;
Le chrétien sera apprécié ;
Par la bonté divine.

L'église

L'église a été nettoyée;
Le chrétien y a foulé ses pieds ;
Il est venu pour la prière.

La surveillance des lieux est assurée ;
Par un service d'ordre ;
Guidant selon le cas ;
Le chrétien venu prier.

L'évangile est dit par l'officiant du jour ;
Il prêche l'entraide et le pardon ;
Ce que les chrétiens ont compris.

Ils promettent de mettre en œuvre ces actions ;
Comme des bons enfants de Dieu ;
Qui exécutent avec joie ;
Les orientations du Seigneur

Au centre de la cour

Au centre de la cour ;
L'église a été bâtie ;
Elle trône en ce lieu ;

Comme une grosse pierre.

Avec sa toiture verte ;
Faite en malachite ;
Elle rayonne en ce lieu ;
Comme un rubis.

Ses grands piliers en pierres ;
Soutiennent l'édifice comme des bras géants ;
Portant vers le ciel un objet à bénir.

Ce faisant, l'église bénie ;
Rayonne en ce lieu comme un rubis sacré.

L'évangile

Bible à la main, l'évangile est prêché ;
Par l'officiant en habit de pourpre ;
Avec un accent, porté sur l'amour et le pardon.

Les chrétiens qui ont entendu l'évangile ;
Promettent de le pratiquer sans faille .

Ils décident de pardonner à ceux qui les ont offensés ;
Et, d'aimer ceux qui les haïssent.

A l'exemple du Christ, ils ont décidé ;
De devenir des hommes nouveaux;
Vivant selon les préceptes religieux.

La marche céleste

Le chrétien a entendu la voix du Seigneur,
Il a marché sur le chemin tracé par lui ;
En se détournant des méchants.

Il s'est dépouillé de l'ancien homme ;
Il a quitté la compagnie des moqueurs et des envieux ;
Il a décidé de suivre la voie du Christ.

Le chrétien a bénéficié de la protection de Dieu ;
Qui a disperser ses ennemis comme des épis de maïs ;
Etendus sur le sol ;

Il avance sans crainte vers la terre promise ;
Tout en regardant obstinément le sommet de la montagne.

Seigneur Tu es grand

Seigneur tu es grand ;
Tu brises les chaines et les liens du mal ;
Tu guides le chrétien vers la terre promise.

Ta colère est sans pareille ;
Tu vaincs le méchant et ses semblables.

Tes ennemis sont pris de peur ;
Et, courent en désordre ;
Dans le lointain.

Seigneur tu es grand ;
Et, tu règnes sans partage ;
Sur un trône orné d'or.

Le bon refuge

Seigneur tu es le bon refuge ;
Tu me protèges en toute heure ;
Et à chaque instant.

Comme un oisillon ;
Je suis blotti sous tes ailes ;
Devant un danger imminent.

Tu regardes de gauche à droite ;
Pour voir d'où provient le danger.

Seigneur, tu me relèves chaque fois que je tombe ;
Tu me fortifies chaque fois que je chancèle.

Seigneur, devant le danger ;
Tu me plonges sous tes ailes ;
En me protégeant pour toujours.

Eternel

Eternel tu règnes avec majesté ;
Sur la terre et dans les cieux ;

Par ta volonté ;
La terre est constituée de grains de sable ;
Et les cieux, constellés d'étoiles.

La lune et le soleil ont été aussi créés ;
A leur tour, en illuminant l'espace.

Constamment, ils promènent avec bonheur ;
Leur disque doré ;
Faisant la volonté du Créateur ;
En éclairant l'espace.

Je te cherche Seigneur

Je te cherche Seigneur ;
Dévoile ton visage devant moi.

Je te cherche Seigneur ;
Luis sur moi comme un soleil.

Je te cherche Seigneur ;
Ne m'abandonne pas.

Je te cherche Seigneur ;
Car sans Toi, je n'ai aucun soutien.

Je te cherche Seigneur ;
Car en toi se trouve mon salut.

Je te cherche Seigneur ;
Protège-moi, en permanence.

Tu as marché sur les eaux

Seigneur, Tu as marché sur les eaux ;
Avec magnificence ;
Comme sur du sable ;
Ou sur du grès.

Les eaux se sont raffermies sous tes pas ;
Comme un épais tapis.

Le regard étonné, les apôtres ont admiré ;
Ta marche prodigieuse.

Flottant dans l'eau comme une barque ;
Seigneur, tu as réussi à suspendre certains éléments de la nature.

Marchant sur l'eau sans aucune noyade ;
Tu as su montrer au monde ;
La dimension de ta puissance et de ta grandeur.

Tu as entendu ma voix

Tu as entendu ma voix Seigneur ;
Celle d'un noyé voguant à la dérive.

Tu m'as secouru en me tendant une main salutaire ;
Qui m'a vite sorti du danger.

A présent je me suis accroché à toi ;
Comme sur une bouée.

Secouru, je suis à tes cotés ;
D'où j'avance en toute sécurité.

Ta puissance est un bouclier ;
Qui me protège ;
En tout temps ;
Et, en tout lieu.

Le tombeau ouvert

Aujourd'hui, le tombeau est ouvert ;
Il n'y a plus de mort.

Le Christ s'en est sorti ;
Il monte à présent vers le Père ;
Auprès de qui ;
Il s'est mis à la droite

C'est alors qu'il redoublera de puissance ;
Avant de réaliser d'autres actions merveilleuses.

Aujourd'hui, le tombeau est ouvert ;
Il n'y a plus de mort ;
Le Christ s'en est sorti.

A la droite du Père ;
Le Seigneur s'est placé à présent ;
En priant pour la cité et pour le monde.

Les trompettes

Les trompettes ont sonné à Jéricho ;
Elles ont fait écroulé ;
Les murs et leurs fondations.

La ville a été conquise ;
Par la volonté de Dieu ;
Qui a dispersé les méchants ;
Comme des grains de sable.

Ils sont confondus ;
Et, regardent avec étonnement ;
L'écroulement des murs de la ville.

Les trompettes ont sonné à Jéricho ;
Elles ont fait écroulé ;
Les murs et leurs fondations.

Les trompettes ont sonné à Jéricho ;
Elles ont aidé à faire libérer la ville.

Le Seigneur est né

Le Seigneur est né ;
Ce jour particulier ;
Dans une étable ;
Où Dieu a répandu toute sa puissance.

Tout le peuple est venu l'admirer ;
A savoir, hommes, Femmes ;
Jeunes et Vieux.

Ils sont venus le voir ;
Et le couvrir de cadeaux.

Même les visiteurs royaux ;
De certaines contrées ;
Font partie du nombre.

Ils ont observé dans le lointain ;
Une étoile qu'ils ont suivie ;
Comme une nuée.

Le Seigneur est né ;
Ce jour particulier ;
Où Dieu a répandu sa puissance ;
Dans l'étable d'une contrée.

La mer fendue

La mer a été fendue sous les pieds ;
Des enfants de Dieu ;
Qui ont pu franchir sans encombre ;
L'onde majestueuse.

Le méchant a été englouti ;
Dans les eaux froides ;
De la mer en furie.

L'Eternel ne l'a pas épargné ;
Dans sa colère implacable ;
Il l'a noyé dans les eaux profondes ;
Comme un poisson sans nageoires.

Le méchant et son armée ont péri ;
Comme des vulgaires pantins ;
Ils n'ont pas pu apaiser la colère de Dieu.

La colombe

Une colombe blanche est descendue du ciel ;
Pour répandre sur la chrétienté ;
Son esprit saint.

C'est alors que le chrétien marche ;
Selon la volonté de Dieu.

En aimant son prochain ;
Et, en le secourant chaque fois.

Le partage de l'évangile ;
Renforce la cohésion entre chrétiens.

La colombe blanche est descendue du ciel ;
Pour répandre sur la chrétienté ;
Son esprit saint

L'arche

Une arche a été construite ;

Elle porte en son sein ;

Ceux qui avaient cru en la prédiction divine.

Certains qui n'avaient pas suivi le conseil de Noé ;

Se lamentent et pleurent ;

Ils sont noyés dans les eaux diluviennes.

Dans l'amertume ;

Ils regardent au loin ;

L'arche de Noé, voguer dans les eaux ;

Avant d'atteindre la terre ferme.

Ceux qui n'avaient pas suivi le conseil de Noé ;

Se lamentent et pleurent ;

Ils sont noyés dans les eaux diluviennes.

Le Seigneur leurs a parlé à travers Noé ;

Mais ils ne l'ont pas entendus ;

A présent, ils le regrettent amèrement.

Je célèbre ta grandeur

Je célèbre ta grandeur Seigneur ;
Toi qui m'aides et me protèges.

Je suis assis à ta droite ;
Et, je n'ai peur de rien.

Je suis protégé par ton bouclier d'airain ;
Et, je ne crains rien.

Je célèbre ta grandeur Seigneur ;
Toi qui m'aides et me protèges.

Je te loue et te célèbre ;
Car je bénéficie de cette protection ;
Ce jour et en tout lieu.

Ecoute ma voix

Ecoute ma voix Seigneur ;
Car je suis en danger.

J'implore ta puissance Seigneur ;
Pour que tu interviennes en ma faveur.

Ecoute ma voix Seigneur ;
Car je suis en danger.

Je sollicite ton aide Seigneur ;
Pour que je sois sauf.

Ecoute ma voix Seigneur ;
Car je suis en danger.

En dehors de ta présence ;
Je suis sans force et sans défense.

Et, je sollicite ton aide Seigneur ;
Pour que je sois sauf ;
Et protégé.

Les enfants

Laissez les enfants venir à moi, dit le Seigneur ;
Qu'ils viennent à moi ;
Car le royaume des cieux leurs appartient.

A présent, les enfants viennent au Seigneur ;
Ils ont franchi les barrières qui les obstruaient ;
Le Christ les a pris dans ses bras ;
Et, les méchants se sont éloignés ;

Laissez les enfants venir à moi, dit le Seigneur ;
Qu'ils viennent à moi ;
Car le royaume des cieux leurs appartient.

A présent, les enfants sont sous la protection du Seigneur ;
Dont ils savourent la présence ;
Comme des oisillons sous les ailes d'un grand oiseau.

Laissez les enfants venir à moi, dit le Seigneur ;
Car ils sont sous ma protection ;
Et, le royaume des cieux leurs appartient.

Dans l'épreuve

Dans l'épreuve le Seigneur ne te quitte pas ;
Il te suit partout et te protège ;
Il t'aime et te soutient.

Tu marches et bénéficie de son appui ;
Tu trébuches, il te soutient ;
Tu tombes, il te relève.

Le Seigneur est merveilleux ;
Il te soutient comme un tuteur ;
Sur lui tu peux t'appuyer longuement.

Dans l'épreuve le Seigneur ne te quitte pas ;
Il te suit partout et te protège ;
Il t'aime et te soutient.

Le Seigneur est merveilleux ;
Il te soutient comme un tuteur ;
Sur lui tu peux t'appuyer éternellement.

David

David s'était présenté devant Goliath ;
Avec une fronde, pour seule arme ;
Pendant que contre lui ;
Le géant proférait injures et quolibets.

Dans son allure martiale ;
Goliath avançait comme un géant ;
Couvrant de peur et de terreur ;
Tous ceux qui le regardaient.

David s'était présenté devant Goliath ;
Avec une fronde, pour seule arme ;
Pendant que contre lui ;
Le géant proférait injures et quolibets.

Lorsqu'il dégaina son arme ;
Dont la pierre heurta Goliath ;
En plein visage ;
Ce dernier tomba à la renverse.

Dieu dans sa puissance ;
Bénit l'arme de David ;
Qui finit par neutraliser ;
Goliath qui s'écroula comme un nain.

Devant l'abbaye

L'homme avait marché, le pas lourd,
Et la démarche trainante jusqu'à l'abbaye,
Dont il avait observé l'énorme clocher,
Avant de s'arrêter devant sa grande porte en bois,
En déposant à côté de son montant droit,
Le baluchon qu'il portait depuis longtemps,
Sur son flanc endolori.

Dans le bois massif de la porte de l'abbaye,
Etait incrustée l'image du Christ-Roi,
Portant sur une épaule, une croix,
Et tendant en guise d'appel,
Une main dans l'espace,
Instruisant la population de la cité et du monde,
A déposer dans ses bras, son lourd fardeau quotidien.

Le visage du Christ dominant,
Et sa tunique blanche,
Illuminaient l'espace,
Comme un soleil de midi.

L'homme qui s'était arrêté un moment,
Devant la grande porte de l'abbaye,
Admirait dans sa splendeur,
Le visage du Christ dominant.

Devant l'abbaye (suite)

Finalement, il poussa la grande porte de l'abbaye,
Qui s'ouvrit lourdement,
En produisant un bruit sec,
Qui ressemblait au son d'une petite cloche.

En pénétrant dans l'abbaye,
L'homme crut entendre l'appel divin,
Qui fendit son cœur comme un tissu.

Il s'agenouilla en larmes devant l'autel,
De la maison de Dieu, en implorant le Christ,
A pardonner ses péchés, gros ou minimes.

Placé au milieu de l'espace et côtoyant le temps,
La porte marquait une transition,
Entre l'obscurité extérieure,
Et la lumière qui brillait à l'intérieur,
De la maison divine,
Dont l'homme voulait toucher,
De sa main l'étoile éclatante.

Du fond de son être,
L'homme entendit son cœur battre,
Et s'ouvrir comme une porte,
En accueillant la voix mystérieuse,
Du Christ acceptant de pardonner ses péchés,
En lui montrant la voie divine, à suivre dorénavant.

Vers la montagne

Le Christ escaladait la montagne ;
La démarche lourde ;
Et, la croix sur l'épaule.

Une longue marque tracée sur le sol ;
Le suivait comme une ombre.

A l'heure dite, le Seigneur ;
Subit le supplice de la crucifixion.

C'est alors que tout s'assombrit ;
Autour de lui, et de la contrée.

Du haut de sa croix le Christ regardait le monde ;
En lui pardonnant pour ses pêchés.

Le troisième jour, le Seigneur vaincu la mort ;
Et ressuscita avec splendeur ;
En se tenant désormais ;
A la droite du Père où il siège.

Battez les mains

Les chrétiens battaient les mains ;
Et, aussi les pieds ;
En louant l'Eternel.

Toute l'église était dans la joie ;
Où les chrétiens mêlaient leur voix à celle des autres.

Ils chantaient et battaient les mains ;
Avec allégresse.

L'église était remplie de la puissance divine ;
Et, tout vibrait avec magnificence.

Les chrétiens battaient les mains ;
Et, aussi les pieds ;
En célébrant l'Eternel.

L'être suprême était à jamais ;
Loué et sanctifié.

La tempête

Une tempête a secoué la mer ;
Elle s'est plissée comme un habit ;
La barque menace de chavirer.

Les chrétiens ont crié à l'aide ;
Ils sont désemparés ;
Le Seigneur a entendu leur cri de détresse.

La barque roule et tangue ;
Au beau milieu de la mer ;
Les chrétiens en danger ;
Crient de toute leur force.

Le Seigneur a levé sa main sur la mer ;
Et, la tempête s'est apaisée.

Par sa puissance, le Seigneur a dirigé ;
La barque sur le rivage ;
Les chrétiens sauvés ;
Ont loué le nom de l'Eternel.

Miracle

Le Seigneur a fait un miracle ;
Il a transformé devant les convives ;
Les pierres en pains.

Ce faisant ces derniers ont nourris ;
Corps et âme ;
En rendant grâce au Seigneur.

Le Seigneur a fait un miracle ;
Devant les convives inquiets ;
Qui brulaient de doute.

Le Seigneur a transformé devant eux ;
Les pierres en pains ;
L'inquiétude a disparu ;

Et, les convives ont rendu grâce à Dieu.

Le souffle de vie

Dieu m'a donné le souffle de vie ;
Il a insufflé dans mes narines ;
Et, me voici en vie.

Je bouge, je marche ;
Et, je le loue à chaque instant.

Par mes offrandes ;
Je contribue à la construction ;
De la maison de Dieu.

La bible à la main ;
Je suis le Seigneur ;
Pas à pas ;
Jusqu'à la terre promise.

Sur une nuée

Dieu est apparu sur une nuée :
Et, a instruit l'homme ;
A aimer son prochain ;
Et, à s'investir dans la paix.

Le chrétien a suivi ;
A la lettre le message du Seigneur ;
Il aime son prochain ;
Et, contribue à la paix.

L'amour et la fraternité ;
Règnent désormais ;
Entre les hommes ;
Qui ont retrouvé la paix.

Dieu, dans sa bonté ;
Et, sa miséricorde ;
Protège le chrétien ;
Et l'élève au grand jour.

Les méchants se sont concertés ;
Ils se sont ligués contre moi ;
Je suis seul, je n'ai pas de secours.

J'implore ta grâce et ta puissance ;
Protège-moi Seigneur ;
Car je suis seul ;
Et, sans force.

Je te regarde Seigneur ;
Et, implore ta puissance ;
En vue de la protection.

Seigneur tu as entendu ma prière ;
Tu as dispersé mes ennemis ;
Autour de moi.

Ils trainent à mes pieds ;
Comme des grains de sable.

Ils sont honteux et confus ;
Le Seigneur les a vaincus.

Destin

Jonas a cru fuir le destin ;
Il a été avalé par un poisson ;
Et rejeté sur le rivage.

Jonas a reconnu ta puissance Seigneur ;
Il s'inscrit dans ta volonté.

Il te sert dignement ;
Dans le respect de ta parole.

Jonas a cru fuir le destin ;
Il a été avalé par un poisson ;
Et rejeté sur le rivage.

Jonas a reconnu ta puissance Seigneur ;
Il te sert dignement ;
Dans le respect de ta parole.

Jonas compte parmi tes fidèles ;
Qui te servent dignement.

Inscription

Ecrivant au sol ;
Le Seigneur tourna le dos ;
Vers les hommes qui lui avaient emmenée une dame.

Cette dernière était déclarée adultère ;
Et, s'apprêtait à être soumise ;
A la lapidation.

Que celui qui n'a jamais péché ;
Lui jette la première pierre ;
Dit le Seigneur.

Ecrivant au sol ;
Le Seigneur qui avait toujours le dos tourné ;
Vers les hommes qui lui avaient emmenée la dame ;
Constata la disparition de ces derniers

Dans sa grande miséricorde ;
Le Seigneur demanda à la dame ;
De partir, et de ne plus pécher.

Louez l'Eternel

Louez l'Eternel en jouant les trompettes ;
Luths, cymbales et harpes.

Louez l'Eternel ;
Car c'est lui notre sauveur.

Louez l'Eternel dans toute sa splendeur ;
Et, dans sa magnificence.

Louez l'Eternel ;
Car c'est notre protecteur ;
Lui qui se déploie comme un souffle ;
Pour veiller sur nous.

Louez l'Eternel en jouant les trompettes ;
Luths, cymbales et harpes ;
Car c'est lui notre sauveur.

A tes pieds Seigneur

Je dépose toutes mes charges à tes pieds Seigneur ;
Elles sont trop lourdes ;
Et, je ne puis les porter.

Toi seul Seigneur ;
Tu as la force d'alléger mon fardeau.

Viens à mon secours Seigneur ;
Car je n'ai point de force.

Ces charges sont trop lourdes Seigneur ;
Et, je ne puis les porter.

Seigneur, Toi seul ;
Tu as la force d'alléger ce fardeau ;
C'est pourquoi, j'implore ton aide Seigneur.

Sur la croix

Tu es mort sur la croix Seigneur ;
A cause de mes péchés.

Je te glorifie Seigneur ;
Pour le sacrifice.

Continue à me protéger Seigneur ;
Car, Tu es le bon bouclier.

Tu es mort sur la croix Seigneur ;
A cause de mes péchés.

Je te rends hommage Seigneur ;
Car c'est grâce à toi ;
Que j'ai la vie sauve.

Rends-moi justice Seigneur

Rends-moi justice Seigneur ;
Je suis entouré des méchants ;
Qui m'en veulent.

Ils concoctent des projets ignobles ;
Contre moi Seigneur.

Je suis seul et sans défense ;
Rends-moi justice Seigneur ;
Car je suis entouré des méchants.

Ils développent contre moi ;
Leurs armes ignobles Seigneur.

Détruit les Seigneur ;
Et, disperse-les comme des feuilles mortes.

Rends-moi justice Seigneur ;
Et, je voudrais demeurer ;
Sous ta divine protection.

Seigneur, je cherche ta face

Seigneur je cherche ta face nuit et jour ;
Dans ma quête et dans mes prières

Ne te détournes pas de mon chemin Seigneur ;
Car je cherche ta face nuit et jour.

Je marche sur un long chemin ;
Plein d'embuches ;
Ne te détourne pas de moi Seigneur.

Protège-moi comme un bouclier ;
Sous lequel je me cache.

Seigneur je cherche ta face nuit et jour ;
Dans ma quête et dans mes prières.

Luit sur moi comme un soleil ;
Pour éclairer mon chemin en tout temps.

Tu m'as sauvé Seigneur

Tu m'as sauvé Seigneur ;
En faisant fuir tous les ennemis ;
Qui m'entouraient comme un cercle.

Tu m'as pris par ta main droite Seigneur ;
Après les avoir détruit.

Ils sont honteux et confus ;
Ils se cachent en se voilant la face ;
Comme des voleurs.

Tu m'as sauvé Seigneur ;
En faisant fuir tous les ennemis ;
Qui m'entouraient comme un cercle.

Tu les as détruit comme des vermines ;
A présent ils roulent par terre ;
Comme des sangsues exposées au soleil.

Tu m'as sauvé Seigneur ;
Mes ennemis ont été vaincus.

Le temple du Seigneur

Le temple du Seigneur a été bâti sur le roc ;
Pas sur le sable

Il est dure comme une pierre ;
Et énorme comme une montagne.

Il domine tout l'espace ;
Et brille comme un rubis.

Le temple du Seigneur a été bâti sur le roc ;
Pas sur le sable.

Ni vent, ni pluie ne pourront le secouer ;
Il est dure comme une pierre ;
Et énorme comme une montagne.

Le temple du Seigneur est éternel.

Le juste

Le Seigneur a placé le juste à sa droite ;
Et le protège nuit et jour.

Le méchant a été éloigné ;
Et jeté loin sur des terres arides.

Le Seigneur protège le juste ;
Car il te vénère nuit et jour.

Jeté loin sur des terres arides ;
Le méchant se morfond tout le temps.

Le juste placé à la droite du Seigneur ;
A été sauvé par sa foi.

Poursuit le bien

Le Seigneur dit au chrétien ;
D'abhorrer le mal ;
Et de faire le bien.

Car le salaire du péché c'est la mort ;

Le chrétien devrait se consacrer aux actions pieuses ;
Et marcher selon la droiture du Seigneur.

Le Seigneur dit au chrétien ;
D'abhorrer le mal ;
Et de faire le bien.

Car le salaire du péché c'est la mort ;

Le chrétien qui fait le bien, a l'estime du Seigneur ;
Et sa bénédiction ;
Au siècle des siècles.

Destruction

Dans sa puissance, le Seigneur a détruit ;
La maison du méchant ;
Comme un château de cartes.

Le méchant est aux abois ;
Sa maison ainsi que ses œuvres sont en ruines.

Il pleure et se morfond ;
En regardant sa maison détruite.

Il a fait trop de mal ;
Et a reçu le salaire de son travail.

Dans sa puissance, le Seigneur a détruit ;
La maison du méchant ;
Comme un château de cartes ;

Car il a fait trop de mal ;
Et, a reçu le salaire de son travail.

Dieu, Tu nous aimes

Dieu, Tu nous aimes ;
Tu nous protèges à chaque instant.

Tu nous prends sous ton aile ;
Et nous protèges ;
Comme des oisillons.

Dieu, Tu nous aimes ;
Tu nous protèges à chaque instant.

Nous voici rassurés par ta présence ;
Car placés sous ton aile.

Seigneur, tu nous aimes ;
Car tu nous protèges à chaque instant.

Le Seigneur est venu

Le Seigneur est venu nous protéger ;
Dans sa gloire et sa splendeur.

Des cantiques sont chantées en ton honneur ;
Des instruments sont joués à ta gloire ;
Seigneur.

Le Seigneur est rayonnant ;
Et brille sur le chrétien comme un soleil.

Le Seigneur est rassurant ;
Il rafraîchit nos cœurs ;
Comme l'eau de source.

Des cantiques sont chantées en ton honneur ;
Des instruments sont joués à ta gloire ;
Seigneur.

Le Seigneur est venu nous protéger ;
Dans sa gloire et sa splendeur ;
Il est rayonnant et rassurant.

La lumière est apparue

Le Seigneur est apparu ;
Il a fait disparaitre ;
Les ténèbres qui entourent la ville.

Le Seigneur brille comme une lumière ;
Vive qui dissipe les ténèbres.

Le chrétien a suivi la lumière ;
Qui brille dans toute la ville.

Le Seigneur est apparu ;
Il a fait disparaitre ;
Les ténèbres qui entourent la ville.

Le Seigneur est apparu ;
Majestueux et rayonnant.

Le troisième jour

Le troisième jour le Seigneur ;
Dans sa puissance a vaincu la mort ;
Abandonnant comme un vieux habit ;
Le tombeau, vide à présent.

Ceux qui doutaient sont passés ;
Et, ont découvert le tombeau vide.

Ils ont compris que Dieu dans sa puissance ;
A délivré le Christ de la mort ;
Le tombeau, est vide à présent.

En ce troisième jour le Seigneur ;
Investi de puissance, a vaincu la mort ;
Abandonnant comme un vieux habit ;
Le tombeau, vide à présent.

Ceux qui doutaient sont passés ;
Et, ont découvert le tombeau vide ;
Seigneur, tu sièges à présent ;
A la droite du Père.

L'esprit saint

Seigneur inonde notre église ;
De ton saint esprit.

Qu'elle entoure ta maison ;
Comme une nuée sacrée.

Allume ta flamme, Seigneur ;
Au sein de notre église.

Qu'elle nous guide comme une étoile ;
Et descende sur nous comme une colombe.

Seigneur, tu es merveilleux ;
Tu as fait répandre sur nous ;
Ta puissance protectrice.

Le bon berger

Seigneur, tu es le bon berger ;
Qui guide son troupeau ;
Vers la source où l'eau est claire.

Ta source ne tarit jamais ;
Et, c'est là où je m'abreuve ;
Et, me revigore de ton eau de vie.

Seigneur, tu es le bon berger ;
Qui guide son troupeau ;
Vers la source où l'eau est claire.

Ta source ne tarit jamais ;
Et, son eau étanche ma soif ;
Elle est source de vie.

L'étoile du Seigneur

Les rois mages ont aperçu au ciel ;
Une étoile qu'ils ont suivie ;
Comme une boussole.

L'étoile les a guidés ;
Jusqu'au lieu de la naissance du Christ.

Les rois mages, à présent en face du Seigneur ;
L'adorent et le couvrent de cadeaux ;

Le Christ est né ce jour dans la contrée ;
Où un grand évènement est survenu ;
Précédé par l'étoile suivie par trois grands rois.

C'est mon corps

C'est mon corps, dit le Seigneur ;
Prenez et mangez.

C'est mon sang, dit le Seigneur ;
Prenez et buvez.

Ton corps nous solidifie Seigneur ;
Et, ton sang nous purifie.

Seigneur, tu es la vie ;
Et, protège-nous en tout lieu.

La puissance du Seigneur

Le Seigneur par sa puissance ;
A vaincu satan.

Il l'a terrassé ;
Et l'a jeté sur les terres arides ;
Où satan se morfond ;
En se retournant comme le vent.

Le Seigneur par sa puissance ;
A vaincu satan ;
Et l'a jeté sur les terres arides.

Satan est confondu ;
Il se morfond ;
En se retournant comme le vent.

Jésus dit

Jésus dit au paralytique ;
Lève-toi et marche.

L'homme prit sa natte ;
Et marcha, en louant le Seigneur.

Jésus regarda marcher le paralytique ;
Louant son nom et sa puissance.

Jésus dit au paralytique ;
Lève-toi et marche.

L'homme prit sa natte ;
Et marcha, en louant le Seigneur ;
Dont la puissance venait de se révéler.

Je suis sauvé

Je suis sauvé par le Seigneur Jésus Christ ;
Qui est mort sur la croix ;
A cause de mes péchés.

Au mont Golgotha ;
Le Seigneur a versé ;
Son sang pour me sauver.

Je crois en lui ;
Et, je suis la voie qu'il a tracée pour moi.

Au mont Golgotha ;
Le Seigneur a versé ;
Son sang pour me sauver

C'est grâce au Seigneur ;
Que j'ai reçu le souffle de vie ;
Et, je lui rends hommage.

La venue du Seigneur

La venue du Seigneur ;
Sera agrémentée de chants ;
De liesse et de bonheur.

Accompagnée de musique ;
Au son de trompettes ;
Cymbales, luths et harpes.

La venue du Seigneur ;
Sera agrémentée de chants ;
De liesse et de bonheur.

Nous reverrons le Seigneur ;
Vêtu d'une tunique blanche ;
Brodée de fils d'or.

La venue du Seigneur ;
Sera agrémentée de chants ;
De liesse et de bonheur.

Ayant triomphé de la mort ;
Nous célébrerons la venue du Seigneur ;
Qui règnera éternellement;
Aux cieux et sur la terre.

Le glaive

Le méchant a levé son glaive contre le juste ;
Il a bandé son arc contre lui ;
Pour le détruire.

Le Seigneur a le parti du juste ;
Le glaive du méchant ;
Se brisera entre ses bras.

Il finira dans son propre cœur ;
Il périra comme un pécheur.

Le méchant a levé son glaive contre le juste ;
Il a bandé son arc contre lui ;
Pour le détruire.

Le Seigneur a le parti du juste ;
Il a détruit le méchant ;
En le dispersant comme la fumée.

La tour

Des hommes qui parlaient la même langue ;
Avaient décidé de construire une tour ;
Dont le sommet devait toucher le ciel.

Dans leur projet les hommes ;
Qui se présentait comme une rivalité ;
Contre l'autorité divine.

Dieu réfléchit et brouilla leur langue ;
Devenue diverse et incompréhensible.

Ne parlant plus la même langue ;
Les hommes qui vivaient à présent ;
Dans la confusion ;
Ne purent mener à bien leur projet.

C'est alors que la tour se tordit ;
En s'écroulant comme ;
Un château de cartes.

Dieu dans sa grandeur ;
Avait fini par confondre ;
Les constructeurs de la tour de Babel.

Promesse de Dieu

Dieu a promis à ses enfants ;
La terre promise.

Dieu a promis à ses enfants ;
Un pays riche.

Dieu a promis à ses enfants ;
Le pays où coulent le lait et le miel.

Dieu a promis à ses enfants ;
Un pays beau et prospère.

Dieu ayant promis ;
A tenu sa parole;
En plaçant ses enfants sur les rives du Jourdain.

Servez le Seigneur

Servez le Seigneur ;
Vous serez rétribué utilement.

Servez le Seigneur ;
Car il règne dans les cieux ;
Et, sur la terre.

Servez le Seigneur ;
Il vous aime et vous protège.

Servez le Seigneur ;
Vous serez rétribué utilement.

Servez le Seigneur ;
Chrétiennes et chrétiens ;
Selon sa divine volonté.

Défend-moi Seigneur

Défend-moi Seigneur ;
En décochant tes flèches contre le méchant.

Défend-moi Seigneur ;
Car je suis faible devant le méchant.

Défend-moi Seigneur ;
Je sais que tes flèches ont atteint le cœur du méchant.

Défend-moi Seigneur ;
Car je suis innocent comme le juste.

Défend-moi Seigneur ;
Car tu es ma cuirasse, mon bouclier, et mon rocher.

Défend-moi Seigneur ;
Car tu es le meilleur protecteur.

L'œil de Dieu te surveille ;

Il te suit partout ;

Et, t'invite à demeurer dans le bon chemin.

Il surveille toutes tes actions ;

Et, t'invite à demeurer dans la droiture divine.

Ma sœur chrétienne ;

Mon frère chrétien ;

Mène de bonnes actions ;

Pour te conformer ;

A la volonté du Seigneur.

L'œil de Dieu te surveille ;

Il te suit partout ;

Et, t'invite à demeurer dans le bon chemin.

Ma sœur chrétienne ;

Mon frère chrétien ;

Conforme-toi ;

A la volonté du Seigneur.

Dieu miséricordieux

Dieu miséricordieux ;
M'a sauvé, ainsi que ma famille.

Il me protège et guide mes pas.

Dieu a envoyé le saint esprit ;
Pour que je sois investi ;
D'une foi sans faille.

Dieu miséricordieux ;
M'a sauvé, ainsi que ma famille.

Je te loue Seigneur ;
Car tu es le bon berger ;
Qui aide et protège à chaque instant.

Le cœur endurci

Pharaon au cœur endurci ;
Ne voulut guère ;
Entendre raison ;
Lorsque Moise lui demanda ;
De laisser son peuple partir.

Il ne voulut guère entendre raison ;
Endurcissant son cœur ;
Et, croyant barrer la route ;
Au projet de Dieu.

Menaçant contre Moise et son peuple ;
Pharaon les guerroyait jusqu'au bord de la mer.

Laisse mon peuple partir ;
Lui dit Moise avec insistance.

Pharaon au cœur endurci ;
Ne voulut guère ;
Entendre raison ;
Les poursuivant jusqu'au bord de la mer ;
Où ses armées furent englouties dans les eaux.

Table des matières

Printed by Books on Demand GmbH, Norderstedt / Germany